基本調味料で作る5分麺

市瀬悦子

◎ 冷凍うどん

1玉180g、ゆで時間1分のもの
を使用。電子レンジで加熱して
もよい。さぬきや稲庭など、好み
のタイプで構わない。

はじめに

ゆでた麺に卵や揚げ玉をのせるだけ……そ
れだけでいいの？ とも思いつつ、おいしいの
だからそれでいいんですよね。わが家でも大
急ぎのときは「揚げ玉温玉そば」（P14）の
ようなものも作りますし、夏になればけっ
こうな頻度で冷やし中華を食べています。具
材やトッピングは冷蔵庫にある肉や野菜で
OK。ごちそうではないけれど、決して手
抜きなんかじゃない。子どもだったころ、土
曜日のお昼ごはんに家族みんなで食べた焼
きそばを思い出しながら、簡単でおいしい麺
料理を、たくさんご用意いたしました。

インスタント麺はたしかに便利でおいしいけ
れど、食べ過ぎると体がちょっと心配になり
ます。そこでインスタント麺並みの所要時間
で、おいしい麺料理が作れたらいいなあ、と
考えたのが、この本を作るきっかけでした。
在宅勤務が普及する中、毎日のお昼ごはん

◎ 焼きそば麺

中華蒸し麺。1玉150g、電子レ
ンジで30秒ほど温めてほぐして
から使用。温めずに、そのまま
使用するレシピもある。

◎ そうめん

1束50g、ゆで時間1分30秒〜
2分のものを使用。ひやむぎで
もOK。

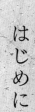

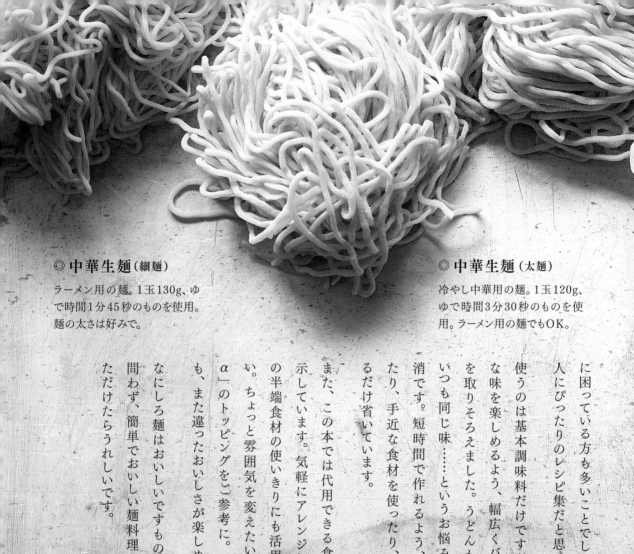

◎ 中華生麺（細麺）

ラーメン用の麺。1玉130g、ゆで時間1分45秒のものを使用。麺の太さは好みで。

◎ 中華生麺（太麺）

冷やし中華用の麺。1玉120g、ゆで時間3分30秒のものを使用。ラーメン用の麺でもOK。

に困っている方も多いことでしょう。そんな人にぴったりのレシピ集だと思っています。

使うのは基本調味料だけですが、さまざまな味を楽しめるよう、幅広くバリエーションを取りそろえました。うどんもそうめんもいつも同じ味……というお悩みもこれで解消です。短時間で作れるよう、手近な食材を使ったり、缶詰を使ったり、手間はできるだけ省いています。

また、この本では代用できる食材を多めに示しています。気軽にアレンジして、冷蔵庫の半端食材の使いきりにも活用してください。ちょっと雰囲気を変えたいときは、「＋α」のトッピングをご参考に。同じレシピでも、また違ったおいしさが楽しめます。

なにしろ麺はおいしいですものね！ 季節を問わず、簡単でおいしい麺料理を楽しんでいただけたらうれしいです。

市瀬悦子

◎ 冷凍そば

1玉180g、ゆで時間1分のものを使用。電子レンジで加熱してもよい。便利な冷凍がおすすめだが、もちろん乾麺でもよい。

3

もくじ

はじめに ………………………………… 2

この本の「基本調味料」について ……… 6

「時短」について ………………………… 10

しょうゆの麺

シンプル釜玉うどん …………………… 12

揚げ玉温玉そば ………………………… 14

サラダ冷やし中華 目玉焼きのせ …… 15

豚しゃぶのベジレモンあえ麺 ………… 16

豚しゃぶ梅きゅうそうめん …………… 18

豚こまとキャベツのそうめんチャンプルー … 19

豚キムチ豆乳うどん …………………… 20

豚バラと長ねぎの冷熱うどん ………… 22

豚バラときのこの酸辣湯麺（サンラータン） … 23

蒸し鶏と青菜のぶっかけそば ………… 24

鶏ねぎ中華麺 …………………………… 26

ささみのアボカドおろし麺 …………… 27

ささみと水菜のオリーブじょうゆそうめん … 28

牛肉となすの釜玉うどん ……………… 29

ひき肉とパプリカのペッパーしょうゆ焼きそば … 30

ピリ辛そぼろうどん …………………… 32

ハムときのこのバターじょうゆうどん … 33

ベーコンとレタスのサラダ冷やし中華 … 34

ソーセージとバターコーンの炒めそば … 35

さば缶と納豆のレモンじょうゆそうめん … 36

さば缶のにらだれキムチあえ麺 ……… 38

ツナと香り野菜のあえそば …………… 39

ツナと絹さやの甘辛ごまじょうゆ焼きそば … 40

しらすとトマトの卵炒め焼きそば …… 42

かに玉つけ麺 …………………………… 43

トマトサルサそうめん ………………… 44

なめことろろぶっかけそば …………… 46

梅納豆腐そば …………………………… 47

塩の麺

豚しゃぶと豆苗のナムル風あえ麺 …… 52

豚しゃぶすだちうどん ………………… 54

豚こまときゅうりの塩焼きそば ……… 55

蒸し鶏とレタスのにゅうめん ………… 56

ささみとセロリのオリーブオイルあえ麺 … 58

担担ぶっかけそうめん ……… 60

ひき肉とレタスの塩焼きそば ……… 61

カルボうどん ……… 62

ベーコンとなすのそうめんチャンプルー ……… 64

ソーセージとキャベツの洋風スープそうめん ……… 65

水菜のたらこバターあえ麺 ……… 66

ツナとわかめのしょうがあえそば ……… 68

じゃこと小松菜のそばペペロンチーノ ……… 69

かにかまの塩レモンつけ麺 ……… 70

かまぼこと青菜のゆず塩うどん ……… 71

ガスパチョ風つけ麺 ……… 72

コングクス風冷やし麺 ……… 74

豆腐と高菜漬けの塩ごま焼きそば ……… 75

みその麺

豚こまとなすのみそ焼きうどん ……… 80

豚しゃぶとキャベツのみそつゆつけうどん ……… 82

豚バラと長ねぎのみそ煮込みうどん ……… 83

サラダジャージャー麺 ……… 84

さば缶の冷や汁風ぶっかけうどん ……… 86

ほうれん草のごまみそそうめんチャンプルー ……… 88

もやしみそ焼きそば ……… 89

きゅうりそうめん ……… 90

白菜のみそ煮込みにゅうめん ……… 91

[応用編] **エスニック麺**も食べたい！

① ナンプラー

蒸し鶏ともやしのアジアンそうめん ……… 48

香菜レモンそうめん ……… 49

ひき肉と細ねぎのナンプラー焼きそば ……… 50

えびと卵のエスニック焼きそば ……… 51

② オイスターソース

台湾風混ぜそば ……… 76

オイスターつけつゆうどん ……… 77

えびときゅうりの上海風焼きそば ……… 78

もやしとにらのジンジャーオイスター焼きそば ……… 79

③ カレー粉

豚こまとなすのカレーそうめん ……… 92

牛肉ときのこのそうめんチャンプルー ……… 93

トマトドライカレー焼きそば ……… 94

ちくわと長ねぎのカレーうどん ……… 95

この本の「基本調味料」について

この本では、多くの家庭で常備しているであろう、これら8種の調味料を「基本調味料」としています。どのレシピでも、ここに食材のうまみやちょっとした辛みを加えるだけで、さまざまな味わいが生み出されるよう、設計されています。とりたてて高価なものを使う必要はなく、いつも使っているもので構いません。

◎ しょうゆ

有機しょうゆを使用しましたが、普段使っている好みのもので大丈夫です。

◎ 塩

精製塩を使用しています。粗塩や岩塩でも問題ありませんが、精製塩よりも塩けがマイルドなので量は調節してください。また、食材を材料表の「または」（または）にあるもので代用した場合は、多少味が変わることもあるので、塩を加減して味を調えてください。

［ 基本調味料で作るから… ］

① すぐに作れる！

特別な調味料は必要ないので、いま家にあるものでパパッと作れます。しかもその組み合わせは無限大。いつもの調味料でも、さまざまな味を生み出すことができ、飽きることがありません。

② ヘルシー！

調味料は最小限しか使っていませんから、市販のインスタント麺と比べると、塩分もカロリーも低くなります。しかもおなじみの調味料で作ったものなので、中身も安心です。

③ めんつゆ不要！

基本調味料の組み合わせで味を作るので、めんつゆすら不要です。あると便利なめんつゆですが、開栓後の賞味期限が短く、味が単調になりがちなのは玉にきず。その点、本書のレシピならば、手持ちの調味料で多様な味が楽しめます。

◎ **みそ**

信州みそ（塩分12％前後）を使用しましたが、好みのもので構いません。商品ごとに風味が違うので、量は適宜調節しましょう。

◎ **酒**

酒は安くても構いませんから、飲料用の日本酒をおすすめします。

◎ **みりん**

本みりんであれば好みのもので大丈夫です。似て非なる「みりん風調味料」では風味が変わってしまいます。

◎ **酢**

米酢を使用。穀物酢はやや酸味が強め。

◎ **砂糖**

上白糖を使いましたが、きび砂糖でも構いません。普段使っているものでOK。

◎ **こしょう**

黒こしょうと白こしょうをミルでひいて使っています。あらかじめ粗くひいてあるものや粉状のものでも問題ありません。

「だし」について

材料表に「だし汁」と書いてある場合は、昆布と削り節でとったものを使用しました。市販のものでも構いませんが、余裕があるときは自分でとってみてください（左ページ参照）。中華風のもの、洋風のものは顆粒タイプを使用しています。

◎ 鶏がらスープの素
（顆粒）

チキンエキスをベースにしたスープの素。化学調味料不使用のものを使っています。おもに中華系の味つけに使用。

◎ 洋風スープの素
（顆粒）

肉や香味野菜のうまみが凝縮されたスープの素。別名「コンソメ」。固形タイプを使う場合は、顆粒小さじ2で固形1個分が目安です。

◎ 昆布

利尻昆布や日高昆布など、だし用昆布であればお手持ちのもので大丈夫です。

◎ 削り節

だしをとるときは、細かく削ってある小分けパックのものではなく、大きく薄く削ってあるものを使ってください。

「辛み」について

この本では基本調味料以外に赤唐辛子、豆板醤、ラー油、一味唐辛子などの辛みをアクセントとして使用しています。辛いのが苦手な方や子どもといっしょに食べる場合は、辛みの量は好みで調節してください。

その他の食材について

・オリーブオイルやごま油などの油を、あえ麺などの合わせ調味料やたれなどとしても使っています。

・かけつゆ、つけつゆなどで使う豆乳は、成分無調整のものがよいのですが、調製豆乳でも問題ありません。牛乳は普通の牛乳を使用。

麺の水きりについて

実はざるでふるだけでは不十分。手でギュッと押しつけるようにして、しっかり水けを落とします。水けが残っていると食感が悪くなり、味も薄くなるので、しっかりときりましょう。

● 材料は2人分です。

● 調理時間は目安です。麺や具材を加熱し始めてからの時間が5分程度となるようにしています。野菜を切るなどの下準備の時間は除いています。

● 野菜などの分量は皮や種などを含んだものです。また、洗う、皮をむくなどの基本的な下準備を済ませてからの手順となっています。

● レモンは国産のものを使用しています。

● 電子レンジは600Wのものを使用しています。

● 大さじ1は15㎖、小さじ1は5㎖、ひとつまみは指3本でつまんだくらいの量です。

① ゆで上がった麺をざるに上げ、ボウルに重ねてすぐに冷水を当てる。

② 粗熱がとれたら、手でもみながら表面のぬめりを洗い流す。

③ 麺が冷えたら冷水を当てるのを止め、片手をギュッとざるに押しつけるようにして水けをきる。

❶ だし昆布10×5cm 1〜2枚は水で濡らしてかたく絞った厚手のペーパータオルで表面の汚れをさっと拭く。鍋に入れ、水1200㎖を加えて30分ほどおく。

❷ 鍋を弱火で熱し、小さな泡が出てきたら昆布を取り出す。

❸ 強火にして、煮立つ直前に削り節20gを加える。すぐ弱火にして菜箸で沈め、1分ほど煮る。火を止め、削り節が自然と沈むまでおく。

❹ ペーパータオルを敷いたざるに上げてこす。

※約1000㎖できる。保存する場合は冷ましてから保存容器などに移し、冷蔵室で3日ほど、冷凍室で3週間ほど保存可能。

「時短」について

本書では、加熱し始めてから5分程度で調理が終わるようなレシピを取りそろえています。これらの食材や道具が役に立つので、常備しておくとよいでしょう。

point 1 短時間で火が通る肉を使う

肉はひき肉やしゃぶしゃぶ用の薄切り肉を使えば、すぐに火が通るので、格段に時間が短縮できます。鶏もも肉などの大きな肉を使っている場合は、小さく切って、火が通りやすいようにしています。

point 2 ストック蒸し鶏大活躍

電子レンジで作れる手軽な蒸し鶏。時間のあるときに作っておくと、すぐに使えて、肉を加熱する時間がカットできます。消費期限は冷蔵室で4日ほど。鶏ささみ100gに塩ひとつまみと酒大さじ1/2をふって、電子レンジで1分40秒ほど加熱したものでも代用できます。

① 耐熱皿に鶏胸肉(皮つき)1枚(250g)をのせ、皮と反対の面に塩小さじ¼をすり込み、室温に15分ほどおく。

② 酒大さじ1をふり、ふんわりとラップをして電子レンジで2分ほど加熱する。上下を返して2分ほど加熱し、ラップをしたまま15分ほどおいて余熱で火を通し、粗熱をとる。

③ 皮の面を上にして蒸し汁ごと保存容器に移し、ぴったりと覆うようにラップをしてからふたをする。

＊麺2人分で½枚分を使用。

＊鶏胸肉は厚みが3cm以内のものを使用のこと。

10

缶詰や加工品で
加熱時間短縮

ソーセージやベーコン、ツナ缶やさば缶などは、すでに火が通っていますから、加熱時間をぐんと短縮できます。しかもそれぞれに独特のうまみがあって、麺をますますおいしくしてくれるのです。

味がビシッときまる
お助け食材

白菜キムチや梅干し、塩昆布、赤しそふりかけなど、すでに味つけがされていて、そのまま使える食材であれば、調味料が少なくても味がきまりやすく、調理時間は短縮。味のアクセントとしても使えるので重宝します。

フライパン蒸しなら
片づけもラク

P30「ひき肉とパプリカのペッパーしょうゆ焼きそば」など、一部の焼きそばのレシピでは、フライパンに材料すべてを入れたら、あとはふたをして火にかけて放っておくだけ、という調理法を採用しています。調理も片づけもラクな時短テクニックです。

しょうゆ
の麺

シンプル釜玉うどん

パパッと作れておいしい麺といえばやはりこれ。
ゆでたうどんに材料をのせていくだけで完成。
シンプルだけど、抜群においしい組み合わせです。
トッピングはご自由にどうぞ！

[材料と下準備] 2人分

冷凍うどん … 2玉　**または▶** 冷凍そば2玉

卵黄 … 2個分　**または▶** 温泉卵2個

削り節、細ねぎ (小口切り)、刻みのり
　　… 各適量

しょうゆ … 大さじ2

1 鍋にたっぷりの湯を沸かし、うどんをパッケージの表示どおりにゆで、ざるに上げて水けをきる。

2 器にうどんを盛り、卵黄、削り節、細ねぎ、刻みのりをのせてしょうゆをかける。

+α 仕上げに**いりごま**(白)や**粉チーズ**をふってもおいしい！

揚げ玉温玉そば

揚げ玉があるだけで満足度急上昇！ 辛みを足してもおいしいです。

[材料と下準備] 2人分

冷凍そば … 2玉 **または▶** 冷凍うどん2玉

温泉卵 … 2個 **または▶** 卵黄2個分

揚げ玉 … 大さじ6

貝割れ大根 … 適量

　▶根元を切り落とす

しょうゆ … 大さじ2

1 鍋にたっぷりの湯を沸かし、そばをパッケージの表示どおりにゆで、ざるに上げて水けをきる。

2 器にそばを盛り、揚げ玉、温泉卵、貝割れ大根をのせ、しょうゆをかける。

+α

仕上げに**一味唐辛子**や**七味唐辛子**をふってもおいしい！

温泉卵を作る場合は、まず直径18cmほどの鍋に水800mlを入れて強火で煮立てます。次に火を止めて水150mlを加え、冷蔵室から出したての卵2個をお玉にのせてそっと入れ、すぐにふたをして15分ほどおけばできあがり。 **14**

サラダ冷やし中華 目玉焼きのせ

目玉焼きがかわいらしい、簡単でヘルシーな冷やし中華です。

しょうゆ
酢
砂糖
塩
こしょう

[材料と下準備] 2人分

中華生麺 (太麺) … 2玉　**または** → 冷凍うどん 2玉

卵 … 2個

ウインナソーセージ … 3本　**または** → ベーコン 3枚 (幅2cm)

　　▶斜め薄切りにする

ベビーリーフ … 小1袋 (40g)　**または** → レタス 2〜3枚 (ひと口大)

A しょうゆ … 大さじ2
　　酢 … 大さじ2
　　水 … 大さじ2
　　砂糖 … 大さじ1
　　ごま油 … 大さじ1

　　▶混ぜ合わせる

サラダ油 … 大さじ1

塩、粗びき黒こしょう … 各少々

+α

仕上げに**マヨネーズ**をかけてもおいしい!

1 鍋にたっぷりの湯を沸かし、中華麺をパッケージの表示どおりにゆでる。ざるに上げて冷水で洗い、水けをきる。

2 フライパンにサラダ油を強めの中火で熱し、卵を割り入れて塩、粗びき黒こしょうをふり、好みの焼き加減になるまで焼く。フライパンの空いているところにソーセージを入れて炒める。

3 器に中華麺を盛り、ベビーリーフ、ソーセージ、目玉焼きをのせ、**A**をかける。

豚しゃぶのベジレモンあえ麺

肉の食べごたえもしっかりありつつ、レモンでさっぱりと仕上げた麺です。野菜が多めに入っているので、サラダ感覚で食べられます。

[材料と下準備] 2人分

中華生麺（太麺）… 2玉　**または** 冷凍うどん2玉

豚ロース薄切り肉（しゃぶしゃぶ用）… 120g　**または** P10ストック蒸し鶏 1/2枚分（薄切り）

リーフレタス … 小4枚（50g）　**または** レタス2〜3枚（ひと口大）／ベビーリーフ50g

　▶ ひと口大にちぎる

紫玉ねぎ … 1/8個　**または** 玉ねぎ1/8個

　▶ 薄切りにする

A オリーブオイル … 大さじ3

　しょうゆ … 大さじ2

　レモン果汁 … 大さじ1/2

レモン（くし形切り）… 適量

1 鍋にたっぷりの湯を沸かし、豚肉を弱火でゆで、色が変わったらざるに取り出して粗熱をとる。さらに強火にし、中華麺をパッケージの表示どおりにゆで、ざるに上げて冷水で洗い、水けをきる。

2 ボウルに**A**を入れて混ぜ、中華麺、豚肉、リーフレタス、紫玉ねぎを加えて混ぜる。

3 器に盛り、レモンを添え、搾っていただく。

+α

*2*に食べやすい大きさに切った**カマンベールチーズ**や**モッツァレラチーズ**を加えてもおいしい！

豚しゃぶ梅きゅうそうめん

すりおろしきゅうりがとってもさわやかなあと味。

[材料と下準備] 2人分

そうめん … 3束 (150g) **または** 冷凍うどん2玉

豚ロース薄切り肉 (しゃぶしゃぶ用) … 120g

きゅうり … 2本
▶すりおろす

梅干し … 2個 (30g)

A だし汁 (冷たいもの) … 250㎖
　しょうゆ … 大さじ1
　砂糖 … 小さじ1/2
　塩 … 小さじ1/2
▶混ぜ合わせる

しょうゆ

砂糖

塩

1 鍋にたっぷりの湯を沸かし、豚肉を弱火でゆで、色が変わったらざるに取り出して粗熱をとる。さらに強火にし、そうめんをパッケージの表示どおりにゆで、ざるに上げて冷水で洗い、水けをきる。

2 器にそうめんを盛り、豚肉、きゅうり、梅干しをのせて **A** をかける。

+α

仕上げに**いりごま (白)**をふってもおいしい!

梅干しは塩分15%のものを使用。梅干しに合わせて塩の量で味を調節してください。　**18**

豚こまとキャベツの
そうめんチャンプルー

しょうゆとごま油だけでなんとも奥深い味わいに!

しょうゆ

こしょう

塩

[材料と下準備] 2人分

そうめん … 3束(150g) **または** → 冷凍うどん2玉

豚こま切れ肉 … 150g

　▶塩、こしょう各少々をふる

キャベツ … 2枚(100g) **または** → 白菜1〜2枚

　▶長さ8cmの細切りにする

玉ねぎ … 1/2個 **または** → 好みのきのこ100g
　　　　　　　　　　　　（ひと口大）

　▶薄切りにする

A しょうゆ … 大さじ2

　　こしょう … 少々

ごま油 … 大さじ1/2

サラダ油 … 小さじ1

 +α

仕上げに**粗びき黒こしょう**や
一味唐辛子をふると味が引
き締まる!

1 鍋にたっぷりの湯を沸かし、そうめんをパッケージの表示どおりにゆでる。ざるに上げて冷水で洗い、水けをきってごま油をからめる。

2 フライパンにサラダ油を中火で熱し、豚肉を炒める。色が変わったらキャベツと玉ねぎを加えて炒め合わせ、野菜がしんなりとしたら、そうめんと**A**を加えてさっと炒め合わせる。

豚キムチ豆乳うどん

市販のキムチを投入すれば、
簡単に具だくさんの麺ができあがり！
豆乳のこくがなんともおいしく、
ヘルシーで元気が出るうどんです。

[**材料と下準備**] 2人分

冷凍うどん … 2玉　**または**　そうめん3束

豚こま切れ肉 … 150g　**または**　豚バラ薄切り肉150g（長さ5cm）

しし唐辛子 … 8本　**または**　ピーマン2個（細切り）／パプリカ1/2個（細切り）
　▶包丁の先で1か所切り込みを入れる

白菜キムチ（カットタイプ）… 80g

A 豆乳 … 250mℓ
　しょうゆ … 大さじ1
　▶混ぜ合わせる

サラダ油 … 大さじ1/2

しょうゆ … 小さじ1

ラー油 … 適量

1 鍋にたっぷりの湯を沸かし、うどんをパッケージの表示どおりにゆでる。ざるに上げて冷水で洗い、水けをきる。

2 フライパンにサラダ油を中火で熱し、豚肉としし唐辛子を炒める。豚肉の色が変わったらキムチとしょうゆを加え、さっと炒め合わせる。

3 器にうどんを盛り、**2**をのせる。**A**を注ぎ、ラー油をかける。

+α
仕上げにすりごま（白）や糸唐辛子を散らしてもおいしい！

豚バラと長ねぎの冷熱うどん

豚バラのこくがつけつゆ全体に広がって味わい深い仕上がり。

しょうゆ

みりん

[材料と下準備] 2人分

冷凍うどん … 2玉　**または** ▶ 冷凍そば2玉

豚バラ薄切り肉 … 100g　**または** ▶ 豚こま切れ肉100g

　▶ 長さ3cmに切る

長ねぎ … 1本　**または** ▶ 玉ねぎ1/2個（薄切り）

　▶ 幅5mmの斜め切りにする

A だし汁 … 300㎖

　しょうゆ … 大さじ2

　みりん … 大さじ2

一味唐辛子 … 適量

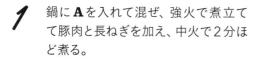

1 鍋に**A**を入れて混ぜ、強火で煮立てて豚肉と長ねぎを加え、中火で2分ほど煮る。

2 別の鍋にたっぷりの湯を沸かし、うどんをパッケージの表示どおりにゆでる。ざるに上げて冷水で洗い、水けをきる。

3 器にうどんを盛る。別の器に**1**を盛って一味唐辛子をふり、うどんに添える。

+α

1に食べやすい大きさに切った**きのこやごぼう**を加えてもおいしい!

豚バラときのこの酸辣湯麺（サンラータンメン）

豚肉ときのこのうまみ！ 酸味と辛みは酢とラー油の量で調節を。

[材料と下準備] 2人分

しょうゆ
酢

中華生麺（細麺）… 2玉

豚バラ薄切り肉 … 100g
　▶幅1cmに切る

えのきたけ … 1袋（100g）　**または** しめじ100g
　▶根元を切ってほぐす

しいたけ … 4枚　**または** エリンギ1本（薄切り）
　▶軸を取って薄切りにする

卵 … 1個
　▶溶きほぐす

A 水 … 700㎖
　　鶏がらスープの素（顆粒）… 大さじ1
　　酢 … 大さじ3
　　しょうゆ … 大さじ2と1/2
　　ごま油 … 少々

B 片栗粉 … 小さじ2
　　水 … 小さじ4
　　▶溶き混ぜる

酢 … 大さじ1

ラー油 … 適量

1 鍋にAを入れて混ぜ、強火で煮立てて豚肉、えのきたけ、しいたけを加え、中火で3分ほど煮る。Bを加えて混ぜ、軽くとろみがついたら溶き卵、酢の順に加え、さっと混ぜる。

2 別の鍋にたっぷりの湯を沸かし、中華麺をパッケージの表示どおりにゆで、ざるに上げて水けをきる。

3 器に中華麺を盛り、**1**をかけてラー油をかける。

+α
仕上げに**粗びき黒こしょう**をふったり、さらに**酢**をかけてもおいしい！

蒸し鶏と青菜のぶっかけそば

生のオクラのさっぱりとした風味が新鮮！
そばと青菜はいっしょにゆでれば、
調理時間も手間も大幅に省けます。
トッピングに刻みのりを追加するのもおすすめ。

[材料と下準備] 2人分

冷凍そば … 2玉　**または** → 冷凍うどん2玉
　　　　　　　　　　　　　　そうめん3束

ストック蒸し鶏 (P10) … 1/2枚分　**または** → 豚薄切り肉 (しゃぶしゃぶ用) 120g (ゆでる)

　▶薄切りにする

小松菜 … 小1束 (150g)　**または** → ほうれん草小1束

　▶長さ5cmに切る

オクラ … 2本　**または** → しし唐辛子4本

　▶薄い小口切りにする

A だし汁 (冷たいもの) … 400mℓ

　しょうゆ … 大さじ2

　塩 … 小さじ2/3

　砂糖 … 小さじ1/2

　▶混ぜ合わせる

1 鍋にたっぷりの湯を沸かし、そばをパッケージの表示どおりにゆでる。ゆで上がる30秒ほど前に小松菜を加え、いっしょにざるに上げて冷水で洗い、水けをきる。

2 器に**1**を盛り、蒸し鶏とオクラをのせて**A**をかける。

+α

仕上げに**とろろ**や**刻みのり**をのせてもおいしい！

オクラをしし唐辛子で代用する場合も薄い小口切りにすれば生のままでOK。　**24**

鶏ねぎ中華麺

[**材料と下準備**] 2人分

中華生麺（太麺）… 2玉　**または** ➤ そうめん3束

ストック蒸し鶏（P10）… 1/2枚分　**または** ➤ 豚薄切り肉（しゃぶしゃぶ用）120g（ゆでる）

▶ 皮を取り除き、食べやすい大きさに裂く

長ねぎ … 1/2本

▶ 長さ5cmのせん切りにして冷水にさらし、水けをきる

香菜 … 小1株

▶ 長さ2cmに切る

A　しょうゆ … 大さじ2

　　水 … 大さじ2

　　酢 … 大さじ1

　　ごま油 … 大さじ1

　　砂糖 … 小さじ2

　　ラー油 … 小さじ1/2

　　豆板醤 … 小さじ1/2

　　にんにく（すりおろし）… 少々

▶ 混ぜ合わせる

1 鍋にたっぷりの湯を沸かし、中華麺をパッケージの表示どおりにゆでる。ざるに上げて冷水で洗い、水けをきる。

2 長ねぎと香菜を混ぜる。

3 器に中華麺を盛り、蒸し鶏と**2**をのせて**A**をかける。

*1*の麺がゆで上がる30秒ほど前に、長さ5cmに切った**小松菜**や**ほうれん草**を加えてゆでてもおいしいし、さらに仕上げに**ラー油**をかけると辛みアップ！

ささみのアボカドおろし麺

アボカドと大根おろしが意外にもよく合います。

[**材料と下準備**] 2人分

中華生麺（太麺）… 2玉　**または** ▶ 冷凍うどん2玉

鶏ささみ（筋なし）… 2本（100g）
　　または ▶ P10ストック蒸し鶏1/2枚分（裂く）
　　　　　豚薄切り肉（しゃぶしゃぶ用）120g（ゆでる）

アボカド … 1個
　▶ 縦にぐるりと包丁を入れて2つに分け、包丁の刃元を種に
　　刺して取り除く。皮をむき、フォークでざっくりとつぶす

大根 … 200g
　▶ すりおろしてざるに上げ、水けをきる
　　　　　　　または ▶ きゅうり1本（小口切りにして塩でもむ）

A 酒 … 大さじ1/2
　　塩 … ひとつまみ

B しょうゆ … 大さじ2
　　ごま油 … 大さじ2
　　練りわさび … 小さじ2/3
　　▶ 混ぜ合わせる

いりごま（白）… 適量

1 耐熱皿にささみをのせて**A**をふり、ふんわりとラップをして電子レンジで1分40秒ほど加熱する。ラップをしたまま余熱で火を通し、粗熱がとれたら食べやすい大きさに裂く。

2 鍋にたっぷりの湯を沸かし、中華麺をパッケージの表示どおりにゆでる。ざるに上げて冷水で洗い、水けをきる。

3 器に中華麺を盛り、ささみ、アボカド、大根おろしをのせて**B**をかけ、いりごまをふる。

+α

仕上げに食べやすい大きさに切った**モッツァレラチーズ**をトッピングしてもおいしい！

さっぱりしたささみにオイルとしょうゆでこくとうまみをプラス。

ささみと水菜の
オリーブじょうゆそうめん

[材料と下準備] 2人分

そうめん … 3束（150g）　**または**　中華生麺（太麺）2玉／冷凍うどん2玉

鶏ささみ（筋なし）… 2本（100g）　**または**　P10ストック蒸し鶏1/2枚分（裂く）／豚薄切り肉（しゃぶしゃぶ用）120g（ゆでる）

水菜 … 1/4束（50g）　**または**　レタス2〜3枚（せん切り）／リーフレタス1〜2枚（せん切り）
　▶ 長さ3cmに切る

A 酒 … 大さじ1/2
　塩 … ひとつまみ

B オリーブオイル … 大さじ2
　しょうゆ … 大さじ2
　▶ 混ぜ合わせる

焼きのり … 適量

仕上げに**いりごま（白）**や**一味唐辛子**をふってもおいしい！

1 耐熱皿にささみをのせて**A**をふり、ふんわりとラップをして電子レンジで1分40秒ほど加熱する。ラップをしたまま余熱で火を通し、粗熱がとれたら食べやすい大きさに裂く。

2 鍋にたっぷりの湯を沸かし、そうめんをパッケージの表示どおりにゆでる。ざるに上げて冷水で洗い、水けをきる。

3 ボウルにそうめん、ささみ、水菜を入れて混ぜる。器に盛り、焼きのりをちぎってのせ、**B**をかけて混ぜていただく。

しょうゆ

酒

塩

28

牛肉となすの釜玉うどん

すき焼き風の甘辛味に思わず食指が動きます。

| しょうゆ |
| みりん |
| 砂糖 |

[**材料と下準備**] 2人分

冷凍うどん … 2玉　**または**▶ そうめん3束

牛切り落とし肉 … 150g

または▶ 豚こま切れ肉150g
豚バラ薄切り肉150g（長さ5cm）

なす … 1本　**または**▶ 長ねぎ1本（斜め薄切り）
玉ねぎ1/2個（薄切り）

▶縦半分に切ってから幅8mmの斜め切りにする

卵黄 … 2個分　**または**▶ 温泉卵2個

A だし汁 … 150ml

みりん … 大さじ3

しょうゆ … 大さじ2と1/2

砂糖 … 大さじ1/2

紅しょうが … 適量

+α

仕上げに**とろろ**をかけてもおいしい！

1 フライパンに**A**を入れて混ぜ、中火で煮立てて牛肉となすを加え、ときどき返しながら3分ほど煮る。

2 鍋にたっぷりの湯を沸かし、うどんをパッケージの表示どおりにゆで、ざるに上げて水けをきる。

3 器にうどんを盛り、**1**をかける。卵黄をのせ、紅しょうがを添える。

ひき肉とパプリカの
ペッパーしょうゆ
焼きそば

ソースではなくあえてのしょうゆ！
これが抜群によく合います。
仕上げは黒こしょうで全体を引き締めつつ、
レモンでさっぱりと仕上げます。

[材料と下準備] 2人分

焼きそば麺…2玉

豚ひき肉…150g　**または** 合いびき肉150g

　▶みりん大さじ3、しょうゆ大さじ2、粗びき黒こしょう少々を混ぜる

パプリカ（赤）…1/2個　**または** ピーマン2個
玉ねぎ1/4個

　▶縦に薄切りにする

水…大さじ4

粗びき黒こしょう…少々

レモン（横半分に切ったもの）…適量

1 フライパンに焼きそば麺を並べ、パプリカ、ひき肉の順に広げてのせる。水を回し入れてふたをし、強火にかけて4分ほど蒸し焼きにする。

2 ふたを取り、ひき肉の色がすべて変わるまで1分ほど炒め合わせる。

3 器に盛り、粗びき黒こしょうをふる。レモンを添え、搾っていただく。

+α

ℓに長さ5cmに切った**にら**や**細ねぎ**を加えた
り、仕上げに**粉チーズ**をふってもおいしい!

ピリ辛そぼろうどん

このそぼろはご飯にかけたりしても美味。辛さは豆板醤の量で調節を。

[材料と下準備] 2人分

冷凍うどん … 2玉　**または▶** そうめん3束

鶏ひき肉 … 200g　**または▶** 豚ひき肉200g

▶しょうゆ・みりん各大さじ2、砂糖大さじ1、
豆板醤小さじ1/2を混ぜる

温泉卵 … 2個　**または▶** 卵黄2個分

長ねぎ（薄い小口切り）… 適量

しょうゆ　みりん　砂糖

1 鍋にたっぷりの湯を沸かし、うどん
をパッケージの表示どおりにゆで、
ざるに上げて水けをきる。

2 フライパンにひき肉を入れて中火で
熱し、ほぐしながら炒める。色が変
わったら、うどんを加えてからめる。

3 器に盛り、温泉卵と長ねぎをのせる。

+α

仕上げに**刻みのり**を
のせてもおいしい！

温泉卵を作る場合は、まず直径18cmほどの鍋に水800mlを入れて強火で煮立てます。次に火を止めて水150mlを加え、
冷蔵室から出したての卵2個をお玉にのせてそっと入れ、すぐにふたをして15分ほどおけばできあがり。　**32**

ハムときのこの バターじょうゆうどん

黄金の組み合わせで濃厚なこく！ハムはほかの加工肉でも。

しょうゆ

砂糖

[材料と下準備] 2人分

冷凍うどん … 2玉　**または** そうめん3束

ロースハム … 3枚　**または** ウインナソーセージ3本（斜め薄切り）
　　　　　　　　　　　ベーコン3枚（幅1cm）

▶幅1cmに切る

玉ねぎ … 1/2個

▶厚さ1cmのくし形切りにする

しめじ … 1パック（100g）　**または** 好みのきのこ100g
　　　　　　　　　　　　　　　　　　（ひと口大）

▶石づきを取って小房に分ける

A しょうゆ … 大さじ1と1/2

砂糖 … 大さじ1

バター … 10g

サラダ油 … 大さじ1

バター（好みで）… 適量

+α

仕上げに粗びき黒こしょうを
ふると味が引き締まる！

1　鍋にたっぷりの湯を沸かし、うどん
　をパッケージの表示どおりにゆで、ざ
　るに上げて水けをきる。

2　フライパンにサラダ油を中火で熱し、
　玉ねぎとしめじを炒める。しんなりと
　したらハムを加えて炒め合わせ、うど
　んと **A** を加えてさっと炒め合わせる。

3　器に盛り、バターをのせる。

ベーコンとレタスの サラダ冷やし中華

ベーコンをカリッと焼き上げるのがおいしさのこつ。

[材料と下準備] 2人分

中華生麺 (太麺) … 2玉　**または**➡ そうめん3束

ベーコン (ブロック) … 80g

　▶6mm角の棒状に切る

レタス … 2枚 (60g)　**または**➡ リーフレタス 2枚
　　　　　　　　　　　　　　きゅうり1/2本

　▶長さ6cmのせん切りにする

ゆで卵 … 1個　**または**➡ トマト1/2個 (くし形切り)

　▶横半分に切る

A しょうゆ … 大さじ2

　　レモン果汁 … 大さじ2

　　水 … 大さじ2

　　砂糖 … 大さじ1

　　オリーブオイル … 大さじ1

　▶混ぜ合わせる

粉チーズ、粗びき黒こしょう … 各適量

しょうゆ

砂糖

こしょう

＋α

仕上げに**マヨネーズ**をかけてもおいしい！

1 鍋にたっぷりの湯を沸かし、中華麺を パッケージの表示どおりにゆでる。ざる に上げて冷水で洗い、水けをきる。

2 フライパンにベーコンを入れて中火で 熱し、こんがりとするまで炒める。

3 器に中華麺を盛り、レタス、ベーコン、 ゆで卵をのせる。**A**をかけ、粉チーズ と粗びき黒こしょうをふる。

半熟のゆで卵は、鍋に室温に戻した卵とかぶるくらいの水を入れて熱し、沸騰してから弱めの中火で7分ほどゆでます。　**34**

ソーセージとバターコーンの炒めそば

日本そばを焼きそば感覚で炒めてもおいしい！

しょうゆ

みりん

塩

[材料と下準備] 2人分

冷凍そば … 2玉 ▸または 焼きそば麺2玉（ 1 でゆでずに電子レンジで温めてほぐす）

ウインナソーセージ … 4本 ▸または ベーコン4枚（幅1cm）
ハム4枚（幅1cm）

▸小口切りにする

ホールコーン缶 … 1缶（120g） ▸または グリーンアスパラガス4本（斜め薄切り）

▸缶汁をきる

A しょうゆ … 大さじ1と1/2

みりん … 大さじ1

塩 … ひとつまみ

▸混ぜ合わせる

バター … 15g

細ねぎ（小口切り） … 適量

+α

仕上げに**粉チーズ**や**粗びき黒こしょう**をふったり、さらに**バター**をのせてもおいしい！

1 鍋にたっぷりの湯を沸かし、そばをパッケージの表示どおりにゆでる。ざるに上げて冷水で洗い、水けをきる。

2 フライパンにバターを中火で溶かし、ソーセージとコーンをこんがりとするまで炒める。そばと**A**を加え、さっと炒め合わせる。

3 器に盛り、細ねぎを散らす。

さば缶と納豆のレモンじょうゆそうめん

個性的な具が盛りだくさんで栄養満点。だけど仕上がりはレモンじょうゆのおかげでさっぱり。薄い小口切りにした生のしし唐辛子が絶妙なアクセントに。

[材料と下準備] 2人分

そうめん … 3束 (150g) **または** 中華生麺 (太麺) 2玉

さば缶 (水煮) … 1缶 (200g) **または** P10ストック蒸し鶏1/2枚分 (裂く)／ツナ缶2缶 (缶汁をきる)

▶缶汁をきり、粗くほぐす

納豆 (たれつき) … 2パック (80g)

▶付属のたれを加えて混ぜる

しし唐辛子 … 8本 **または** オクラ4本 (薄い小口切り)／モロヘイヤの葉40g (ゆでて刻む)

▶薄い小口切りにする

A しょうゆ … 大さじ1と1/2

レモン果汁 … 大さじ1

▶混ぜ合わせる

レモン (くし形切り) … 適量

1
鍋にたっぷりの湯を沸かし、そうめんをパッケージの表示どおりにゆでる。ざるに上げて冷水で洗い、水けをきる。

2
器にそうめんを盛り、さば、納豆、しし唐辛子をのせて**A**をかける。レモンを添え、搾っていただく。

+α

仕上げに**ラー油**をかけて味を引き締めたり、**焼きのり**をちぎってのせてもおいしい!

さば缶のにらだれキムチあえ麺

生のにらで作るたれは麺との相性が抜群です。

[材料と下準備] 2人分

中華生麺（太麺）… 2玉　**または**　そうめん3束

さば缶（水煮）… 1缶（200g）　**または**　豚薄切り肉（しゃぶしゃぶ用）120g（ゆでる）

　▶ 缶汁をきり、粗くほぐす

にら … 1/2束

　▶ 幅5mmに切る

白菜キムチ（カットタイプ）… 60g

A しょうゆ … 大さじ1と1/2

　ごま油 … 大さじ1

　砂糖 … 大さじ1/2

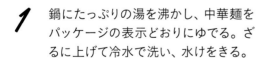
しょうゆ　砂糖

1 鍋にたっぷりの湯を沸かし、中華麺をパッケージの表示どおりにゆでる。ざるに上げて冷水で洗い、水けをきる。

2 ボウルに**A**を入れて混ぜ、にらを加えて混ぜ、2〜3分おく。

3 器に中華麺を盛り、さばとキムチをのせて**2**をかける。

+α

仕上げに**いりごま（白）**や**ラー油**をかけてもおいしい！

ツナと香り野菜のあえそば

麺をゆでる以外は火を使わない、さっぱりおいしい超簡単レシピ。

しょうゆ

[材料と下準備] 2人分

冷凍そば … 2玉 **または** 冷凍うどん2玉 / そうめん3束

ツナ缶（油漬け）… 1缶（70g） **または** P10ストック蒸し鶏1/2枚分（裂く） / さば缶（水煮）1/2缶（缶汁をきる）

▶缶汁をきる

春菊 … 1/3束（50g） **または** 豆苗1/2パック（半分に切る）

▶葉を摘み、大きいものは半分に切る。茎は斜め薄切りにする

みょうが … 2個

▶縦半分に切ってから縦に薄切りにする

A しょうゆ … 大さじ2

ごま油 … 大さじ2

しょうが（すりおろし）… 1/2かけ分

1 鍋にたっぷりの湯を沸かし、そばをパッケージの表示どおりにゆでる。ざるに上げて冷水で洗い、水けをきる。

2 ボウルに**A**を入れて混ぜ、そば、ツナ、春菊、みょうがを加えて混ぜる。

*2*にせん切りにした**しょうが**や**青じそ**、**長ねぎ**を加えてもおいしい！

ツナと絹さやの
甘辛ごまじょうゆ焼きそば

フライパンに材料を並べたら、
あとはふたをして蒸し焼きにするだけ！
調理もあと片づけもとっても簡単。
塩昆布で味がしっかりきまります。

[材料と下準備] 2人分

焼きそば麺 … 2玉

ツナ缶（油漬け）… 1缶（70g） **または** **P10 ストック蒸し鶏**
1/2枚分（裂く）
　▶缶汁をきる

絹さや … 60g **または** **グリーンアスパラガス3本**（斜め薄切り）
にら1/2束（長さ5cm）
　▶筋を取る

塩昆布 … 10g

いりごま（白）… 大さじ1

A 水 … 大さじ4
　しょうゆ … 大さじ1
　みりん … 大さじ1
　▶混ぜ合わせる

1 フライパンに焼きそば麺を並べ、絹
さや、ツナ、塩昆布の順に広げての
せる。**A**を回し入れてふたをし、強火
にかけて4分ほど蒸し焼きにする。

2 ふたを取り、いりごまを加えてさっと
炒め合わせる。

+α

仕上げに**削り節**や**刻みのり**
をのせてもおいしい！

フライパンは直径26cmのものを使用。焼きそば麺はできるだけ重ならないように並べましょう。

しらすとトマトの卵炒め焼きそば

とろとろ卵に、火を通してやわらかくなったトマトがマッチ!

[材料と下準備] 2人分

焼きそば麺 … 2玉
　▶パッケージの表示どおりに電子レンジで温めてほぐす

しらす干し … 20g　**または** → かに風味かまぼこ30g（粗くほぐす）
　　　　　　　　　　　　　　ツナ缶1/2缶（缶汁をきる）

卵 … 3個
　▶溶きほぐす

ミニトマト … 10個　**または** → トマト1個（くし形切り）
　▶縦半分に切る

A 塩 … ひとつまみ
　こしょう … 少々

B しょうゆ … 大さじ1と1/2
　酒 … 大さじ1と1/2
　砂糖 … 大さじ1/2
　塩 … 少々
　こしょう … 少々
　▶混ぜ合わせる

サラダ油 … 大さじ1 + 大さじ1/2

香菜（ざく切り） … 適量

1 ボウルに溶き卵、しらす、ミニトマト、**A**を入れて混ぜる。

2 フライパンにサラダ油大さじ1を強火で熱し、**1**を流し入れ、大きく混ぜながら炒める。卵が半熟状になったら取り出す。

3 **2**のフライパンにサラダ油大さじ1/2を足して中火で熱し、焼きそば麺と**B**を手早く炒める。**2**を戻し入れ、さっと炒め合わせる。

4 器に盛り、香菜をのせる。

+α
仕上げに**ラー油**をかけてもおいしい!

しょうゆ

酒

砂糖

塩

こしょう

かに玉つけ麺

ほぐしたかにかまが麺とよくなじんでおいしさアップ！

[材料と下準備] 2人分

しょうゆ
酢
砂糖
塩
こしょう

中華生麺（太麺）… 2玉　**または** ▶ そうめん3束 ／ 冷凍うどん2玉

かに風味かまぼこ … 100g　**または** ▶ P10ストック蒸し鶏 1/2枚分（裂く）
ツナ缶1缶（缶汁をきる）

▶ 粗くほぐす

卵 … 3個

▶ 溶きほぐす

A 塩 … ひとつまみ
こしょう … 少々

B 水 … 250ml
鶏がらスープの素（顆粒）… 小さじ1
しょうゆ … 大さじ2と1/2
酢 … 大さじ1と1/2
砂糖 … 大さじ1と1/2
ごま油 … 少々

▶ 混ぜ合わせる

サラダ油 … 大さじ2

1 鍋にたっぷりの湯を沸かし、中華麺をパッケージの表示どおりにゆでる。ざるに上げて冷水で洗い、水けをきる。

2 ボウルに溶き卵、かに風味かまぼこ、**A**を入れて混ぜる。

3 フライパンにサラダ油を強火で熱し、*2*を流し入れ、大きく混ぜながら卵が半熟状になるまで炒める。

4 器に中華麺を盛り、*3*をのせる。別の器に**B**を入れ、中華麺に添える。

+α

仕上げに**粗びき黒こしょう**をふると味が引き締まる！

トマトサルサそうめん

下ごしらえが済んだらあとは混ぜるだけ！スペイン風のトマトのソースがさっぱりおいしくてそうめんと好相性。最後にレモンを搾ってもよく合います。

[材料と下準備] 2人分

そうめん … 3束（150g）　**または▶** 中華生麺（太麺）2玉

トマト … 2個（300g）

　▶1cm角に切る

A オリーブオイル … 大さじ3

　しょうゆ … 大さじ1と1/2

　玉ねぎ（すりおろし）… 大さじ1

　レモン果汁 … 小さじ1

　塩 … 小さじ1/4

　こしょう … 少々

バジルの葉（あれば）… 適量

1 鍋にたっぷりの湯を沸かし、そうめんをパッケージの表示どおりにゆでる。ざるに上げて冷水で洗い、水けをきる。

2 ボウルに**A**を入れて混ぜる。トマトを加えて混ぜ、そうめんを加えて混ぜる。

3 器に盛り、バジルの葉をのせる。

+α

仕上げに**粗びき黒こしょう**をふったり、くし形切りにした**レモン**や**ライム**を添えて搾ってもおいしい！

44

なめことろろぶっかけそば

たっぷりと赤しそふりかけをかけて風味よく仕上げましょう。

[材料と下準備] 2人分

冷凍そば … 2玉　**または**　冷凍うどん2玉
そうめん3束

長いも … 200g

　▶すりおろす

なめこ … 1袋　**または**　オクラ4本（ゆでて小口切り）
モロヘイヤの葉50g（ゆでて刻む）

赤しそふりかけ … 小さじ1強　**または**　梅干し2個（たたく）

A だし汁（冷たいもの）… 300㎖

　しょうゆ … 大さじ2

　砂糖 … 小さじ1/2

　塩 … 小さじ1/4

　▶混ぜ合わせる

青のり … 適量

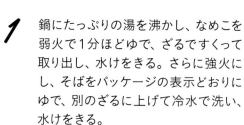

しょうゆ

砂糖

塩

1 鍋にたっぷりの湯を沸かし、なめこを弱火で1分ほどゆで、ざるですくって取り出し、水けをきる。さらに強火にし、そばをパッケージの表示どおりにゆで、別のざるに上げて冷水で洗い、水けをきる。

2 器にそばを盛り、長いもとなめこをのせる。**A**をかけ、赤しそふりかけと青のりをふる。

+α

仕上げに**卵黄**をトッピングしてもおいしい！

梅納豆腐そば

植物性のたんぱく質がたっぷり！梅干しであと味さっぱりです。

しょうゆ

砂糖

塩

[材料と下準備] 2人分

冷凍そば … 2玉　**または**▶ 冷凍うどん 2玉

絹ごし豆腐 … 小1丁（200g）　**または**▶ 長いも200g（すりおろす）

納豆（たれつき）… 2パック（80g）

　▶付属のたれを加えて混ぜる

梅干し … 2個（30g）

A だし汁（冷たいもの）… 300㎖

　しょうゆ … 大さじ1と1/2

　砂糖 … 小さじ1/2

　塩 … 小さじ1/2

　▶混ぜ合わせる

1 鍋にたっぷりの湯を沸かし、そばをパッケージの表示どおりにゆでる。ざるに上げて冷水で洗い、水けをきる。

2 ボウルに豆腐と納豆を入れ、豆腐をくずしながらよく混ぜる。

3 器にそばを盛り、**2**をのせる。**A**をかけ、梅干しをのせる。

+α

仕上げに **青のり** をふってもおいしい！

47　梅干しは塩分15％のものを使用。梅干しに合わせて塩の量で味を調節してください。

蒸し鶏ともやしのアジアンそうめん

とっても簡単！ 異国情緒漂ういつもと違うそうめんです。

[材料と下準備] 2人分

そうめん … 2束 (100g) **または**▶ 冷凍うどん2玉／中華生麺(細麺)2玉

ストック蒸し鶏 (P10) … 1/2枚分 **または**▶ 豚／牛薄切り肉 (しゃぶしゃぶ用) 120g (ゆでる)

　▶薄切りにする

もやし … 1/2袋 (100g)

紫玉ねぎ … 1/4個 **または**▶ 玉ねぎ1/4個

　▶薄切りにする

A 水 … 700㎖

　鶏がらスープの素 (顆粒) … 大さじ1/2

　ナンプラー … 大さじ2と1/2

　塩 … 少々

香菜 (ざく切り)、ライム (くし形切り) … 各適量

1 鍋にたっぷりの湯を沸かし、そうめんをパッケージの表示どおりにゆでる。ざるに上げて冷水で洗い、水けをきる。

2 別の鍋に **A** を入れて混ぜ、強火で煮立ててもやしを加え、さっと煮る。そうめんを加え、温める。

3 器に盛り、蒸し鶏、紫玉ねぎ、香菜をのせ、ライムを添え、搾っていただく。

+α 仕上げに**ミントの葉**をのせてもおいしい！

香菜レモンそうめん

甘じょっぱいめんつゆとは180度違う
さっぱりとしたおいしさ！

ナンプラー

魚を塩漬けにして1年ほど熟成させたしょうゆ（魚醤）で、日本人の口にもよく合います。商品によって塩分が異なるので、味をみて量は調節してください。

[**材料と下準備**] 2人分

そうめん … 3束（150g）　**または** ➡ 中華生麺（太麺）2玉

香菜 … 小2株

　▶長さ1cmに切る

A 水 … 300㎖

　鶏がらスープの素（顆粒）… 大さじ1/2

　ナンプラー … 大さじ2

　レモン果汁 … 小さじ1

　赤唐辛子（小口切り）… 1本分

レモン（半月切り）… 適量

1 鍋にたっぷりの湯を沸かし、そうめんをパッケージの表示どおりにゆでる。ざるに上げて冷水で洗い、水けをきる。

2 ボウルに**A**を入れて混ぜ、香菜を加えて混ぜる。

3 器にそうめんを盛り、レモンをのせる。別の器に*2*を入れ、そうめんに添える。

 仕上げに薄切りにした**ストック蒸し鶏（P10）**をトッピングしてもおいしい！

ひき肉と細ねぎのナンプラー焼きそば

具材はおなじみのものでも肉の下味にナンプラーを加えるだけで大変身。

[**材料と下準備**] 2人分

焼きそば麺 … 2玉

豚ひき肉 … 150g　**または** ▶ 鶏ひき肉150g

　▶ ナンプラー大さじ2、酢大さじ1、砂糖小さじ1、
　塩・粗びき黒こしょう各少々を混ぜる

細ねぎ … 5本　**または** ▶ **長ねぎ1/2本**（長さ5cmのせん切り）
　　　　　　　　　　　　 にら1/2束（長さ5cm）

　▶ 長さ5cmに切る

水 … 大さじ4

ピーナッツ（粗く刻む）… 適量

1 フライパンに焼きそば麺を並べ、ひき肉を広げてのせる。水を回し入れてふたをし、強火にかけて4分ほど蒸し焼きにする。

2 ふたを取り、1分ほど炒め合わせる。ひき肉の色がすべて変わったら細ねぎを加え、さっと炒め合わせる。

3 器に盛り、ピーナッツを散らす。

+α *1*に小口切りにした**赤唐辛子**を加えてもおいしい!

えびと卵のエスニック焼きそば

タイの定番焼きそば、パッタイをイメージしました。

[材料と下準備] 2人分

焼きそば麺 … 2玉　**または▶** そうめん3束（ゆでる）
　▶パッケージの表示どおりに電子レンジで温めてほぐす

むきえび … 150g　**または▶** シーフードミックス150g
　▶あれば背わたを取る

卵 … 3個
　▶溶きほぐし、塩・こしょう各少々を混ぜる

玉ねぎ … 1/4個　**または▶** もやし1/2袋
　▶薄切りにする

A ナンプラー … 大さじ1と1/2
　しょうゆ … 大さじ1/2
　砂糖 … 大さじ1/2
　塩 … 少々
　こしょう … 少々
　▶混ぜ合わせる

サラダ油 … 大さじ1 + 大さじ1/2

粗びき黒こしょう … 少々

1 フライパンにサラダ油大さじ1を強火で熱し、溶き卵を流し入れ、大きく混ぜながら炒める。卵が半熟状になったら取り出す。

2 1のフライパンにサラダ油大さじ1/2を足して中火で熱し、えびと玉ねぎを炒める。えびの色が変わったら焼きそば麺と**A**を加えて炒め合わせ、1を戻し入れてさっと炒め合わせる。

3 器に盛り、粗びき黒こしょうをふる。

+α 仕上げにざく切りにした**香菜**をのせてもおいしい!

塩
の麺

豚しゃぶと豆苗のナムル風あえ麺

塩、こしょう、ごま油だけで食べごたえあるおいしさ！仕上げに柑橘類を搾ってメリハリをきかせます。具材のアレンジも幅広く可能で、覚えておくと便利なレシピです。

[材料と下準備] 2人分

中華生麺 (太麺) … 2玉　**または** 冷凍うどん2玉　そうめん3束

豚ロース薄切り肉 (しゃぶしゃぶ用) … 120g

または P10ストック蒸し鶏1/2枚分 (裂く)　鶏ささみ2本 (加熱して裂く)

豆苗 … 1パック　**または** 水菜1/2束 (長さ4cm)　もやし1/2袋

▶根元を切り落とす

A ごま油 … 大さじ2

　塩 … 小さじ1

　粗びき黒こしょう … 少々

ライム (輪切り) … 適量

1 鍋にたっぷりの湯を沸かし、豚肉を弱火でゆで、色が変わったらざるに取り出して粗熱をとる。さらに強火にし、中華麺をパッケージの表示どおりにゆでる。ゆで上がる30秒ほど前に豆苗を加え、いっしょにざるに上げて冷水で洗い、水けをきる。

2 ボウルに**A**を入れて混ぜ、*1*を加えて混ぜる。

3 器に盛り、ライムを添え、搾っていただく。

+α

*2*にすりおろした**にんにくやしょうが**を加えてもおいしい！

豚しゃぶすだちうどん

すだちの風味がさっぱりおいしい、暖かい季節にぴったりのうどんです。

[**材料と下準備**] 2人分

冷凍うどん … 2玉　**または** → そうめん3束／中華生麺 (太麺) 2玉

豚ロース薄切り肉 (しゃぶしゃぶ用) … 120g

　または → P10ストック蒸し鶏1/2枚分 (薄切り)

すだち … 2個　**または** → かぼす1個／レモン1個

▶ 薄い輪切りにする

A 水 … 300㎖

　鶏がらスープの素 (顆粒) … 小さじ1/3

　塩 … 小さじ1

　しょうゆ … 小さじ1/3

▶ 混ぜ合わせる

塩

しょうゆ

1 鍋にたっぷりの湯を沸かし、豚肉を弱火でゆで、色が変わったらざるに取り出して粗熱をとる。さらに強火にし、うどんをパッケージの表示どおりにゆで、ざるに上げて冷水で洗い、水けをきる。

2 器にうどんを盛り、豚肉とすだちをのせて**A**をかける。

+α

仕上げに**大根おろし**をのせてもおいしい！

54

豚こまときゅうりの塩焼きそば

炒めたきゅうりは甘みが増して麺や肉とよく合います。

塩　酒

[材料と下準備] 2人分

焼きそば麺 … 2玉

豚こま切れ肉 … 150g　**または** ▶ **豚ひき肉150g**

　　▶ 酒大さじ1、塩ひとつまみ、片栗粉小さじ1をもみ込む

きゅうり … 2本　**または** ▶ **ズッキーニ1本**（薄い半月切り）
　　　　　　　　　　　　キャベツ3枚（細切り）

　　▶ 縦半分に切ってから斜め薄切りにする

赤唐辛子 … 1本

　　▶ 種を取る

A ごま油 … 大さじ1

　　塩 … 小さじ1

水 … 大さじ3

1 フライパンに焼きそば麺を並べ、きゅうり、豚肉、赤唐辛子の順に広げてのせる。水を回し入れてふたをし、強火にかけて4分ほど蒸し焼きにする。

2 ふたを取って**A**を加え、豚肉の色がすべて変わるまで1分ほど炒め合わせる。

1にみじん切りにした**にんにく**や**しょうが**を加えてもおいしい！

　フライパンは直径26cmのものを使用。焼きそば麺はできるだけ重ならないように並べましょう。

蒸し鶏とレタスの にゅうめん

加熱してしんなりしたレタスが
いくらでも食べられそう！
暖かい季節にも寒い季節にもよく合う、
そうめんがいつでもおいしく食べられるレシピです。

[材料と下準備] 2人分

そうめん … 2束 (100g) **または** ➤ 冷凍うどん2玉

ストック蒸し鶏 (P10) … 1/2枚分 **または** ➤ 豚薄切り肉 (しゃぶしゃぶ用) 120g (ゆでる)

　▶皮を取り除き、食べやすい大きさに裂く

レタス … 1/3個 (100g) **または** ➤ 小松菜 1/2束 (長さ4cm)
　　　　　　　　　　　　　　　キャベツ2枚 (ちぎる)

　▶大きめにちぎる

A 水 … 700㎖

　　鶏がらスープの素 (顆粒) … 大さじ1/2

　　塩 … ひとつまみ

ごま油 … 適量

1 鍋に**A**を入れて混ぜ、強火で煮立ててそうめんと蒸し鶏を加え、中火で1分30秒ほど煮る。

2 レタスを加え、さっと煮て、ごま油を回しかける。

+α

仕上げに**粗びき黒こしょう**をふると味が引き締まる！

そうめんは下ゆでせずにそのまま煮ます。そうめんに塩分があるので、塩の量は控えめでOK。 **56**

ささみとセロリの
オリーブオイルあえ麺

生セロリの香りと味をぐっと引き出すのは
たっぷりのオリーブオイル。
低カロリーなささみと合わせて、
ヘルシーに召しあがれ。

[**材料と下準備**] 2人分

中華生麺（太麺）… 2玉　**または▶** そうめん3束

鶏ささみ（筋なし）… 2本（100g）　**または▶** P10 ストック蒸し鶏
1/2枚分（裂く）

セロリ … 大1/2本　**または▶** 水菜1/4束（長さ4cm）／ベビーリーフ50g

　　▶茎は筋を取って斜め薄切りにし、葉はざく切りにする

A 酒 … 大さじ1/2

　　塩 … ひとつまみ

B オリーブオイル … 大さじ2

　　塩 … 小さじ3/4

1 耐熱皿にささみをのせて**A**をふり、
　　ふんわりとラップをして電子レンジで
　　1分40秒ほど加熱する。ラップをした
　　たまま余熱で火を通し、粗熱がとれ
　　たら食べやすい大きさに裂く。

2 鍋にたっぷりの湯を沸かし、中華麺を
　　パッケージの表示どおりにゆでる。ざ
　　るに上げて冷水で洗い、水けをきる。

3 ボウルに**B**を入れて混ぜ、中華麺、
　　ささみ、セロリを加えて混ぜる。

+α

仕上げに**粉チーズ**をふった
り、くし形切りにした**レモン**
を添えて搾ってもおいしい！

担担ぶっかけそうめん

パンチがきいた四川風。元気が出るそうめんです。

[**材料と下準備**] 2人分

そうめん … 3束 (150g)

豚ひき肉 … 150g　**または**　牛ひき肉150g
　　　　　　　　　　　　　　豚こま切れ肉150g

にんにく … 1/2かけ　**または**　しょうが1/2かけ

▶みじん切りにする

A 豆乳 … 300㎖

しょうゆ … 小さじ1

塩 … 小さじ2/3

▶混ぜ合わせる

サラダ油 … 小さじ1

豆板醤 … 小さじ1

しょうゆ … 大さじ1/2

香菜 (ざく切り)、ラー油 … 各適量

仕上げにせん切りにした**きゅうり**や**白髪ねぎ**、ゆでた**もやし**をトッピングしたり、**いりごま(白)**をふってもおいしい!

1 フライパンにサラダ油、豆板醤、にんにくを入れて中火で熱し、香りが立ったらひき肉を加えて炒める。ひき肉の色が変わったら、しょうゆを加えてからめる。

2 鍋にたっぷりの湯を沸かし、そうめんをパッケージの表示どおりにゆでる。ざるに上げて冷水で洗い、水けをきる。

3 器にそうめんを盛り、*1*をのせて**A**をかける。香菜をのせ、ラー油をかける。

塩

しょうゆ

ひき肉とレタスの塩焼きそば

レタスは軽く火を通すだけにして食感を残すのがポイント。

塩

酒

[**材料と下準備**] 2人分

焼きそば麺 … 2玉 **または▶** 冷凍うどん2玉（ゆでる）／そうめん3束（ゆでる）

▶パッケージの表示どおりに電子レンジで温めてほぐす

豚ひき肉 … 150g **または▶** 豚こま切れ肉150g

▶酒大さじ1、塩ひとつまみ、片栗粉小さじ1を混ぜる

レタス … 1/2個（150g） **または▶** 小松菜小1束（長さ4cm）
キャベツ3枚（ちぎる）

▶ひと口大にちぎる

にんにく … 1/2かけ

▶薄切りにする

赤唐辛子 … 1/2本

▶種を取り、小口切りにする

ごま油 … 大さじ1/2

塩 … 小さじ3/4

1 フライパンにごま油、にんにく、赤唐辛子を入れて中火で熱し、香りが立ったらひき肉を加えて炒める。

2 ひき肉の色が変わったら、レタスを加えてさっと炒め合わせ、焼きそば麺と塩を加えて炒め合わせる。

+α

仕上げに**レモン**果汁をかけるとさわやかに！

カルボうどん

パスタでおなじみのカルボナーラを
うどんで作ってみると、
思いのほかあっさりとした味で
食後感は軽やかになります。

[材料と下準備] 2人分

冷凍うどん … 2玉

ベーコン … 2枚　**または** → ウインナソーセージ2本（斜め薄切り）

　▶幅1cmに切る

しめじ … 1パック（100g）　**または** → 好みのきのこ100g（ひと口大）
小松菜1/2束（長さ4cm）

　▶石づきを取って小房に分ける

A 卵 … 2個

　牛乳 … 100㎖

　粉チーズ … 大さじ3

　塩 … 小さじ1/2

　にんにく（すりおろし）… 少々

　▶混ぜ合わせる

サラダ油 … 大さじ1/2

粗びき黒こしょう … 少々

1 鍋にたっぷりの湯を沸かし、うどんをパッケージ
の表示どおりにゆで、ざるに上げて水けをきる。

2 フライパンにサラダ油を中火で熱し、しめじを炒
める。しんなりとしたらベーコンを加えてさっと
炒め合わせ、うどんと**A**を加えて火を止め、手早
く混ぜる。

3 器に盛り、粗びき黒こしょうをふる。

火が入りすぎないように卵液を加えたら火を止め、素早くからめるのがポイントです。

牛乳は普通の牛乳を使用。低脂肪や無脂肪牛乳で作ると、よりあっさりとした仕上がりになります。　**62**

ベーコンとなすのそうめんチャンプルー

ベーコンのうまみがしっかりきくので味つけは最小限でOK。

[材料と下準備] 2人分

そうめん … 3束（150g）　**または** ▶ **冷凍うどん2玉**

ベーコン … 4枚　**または** **ウインナソーセージ4本**（斜め薄切り）
　　　　　　　　　　ツナ缶1缶（缶汁をきる）

　▶ 幅1.5cmに切る

なす … 2本　**または** **ズッキーニ小1本**（半月切り）
　　　　　　　　　　ピーマン4個（細切り）

　▶ 6つ割りにしてから斜め半分に切る

にんにく … 1かけ

　▶ 薄切りにする

A 塩 … 小さじ3/4

　　しょうゆ … 少々

オリーブオイル … 大さじ1/2 + 大さじ2

+α

仕上げに**青じそ**をちぎって
散らしてもおいしい！

1 鍋にたっぷりの湯を沸かし、そうめんをパッケージの表示どおりにゆでる。ざるに上げて冷水で洗い、水けをきってオリーブオイル大さじ1/2をからめる。

2 フライパンにオリーブオイル大さじ2とにんにくを入れて中火で熱し、香りが立ったらなすを加えて炒める。なすがしんなりとしたら、ベーコンを加えて炒め合わせる。

3 そうめんと**A**を加え、さっと炒め合わせる。

ソーセージとキャベツの洋風スープそうめん

スープパスタのようにしていただくそうめんです。

[材料と下準備] 2人分

そうめん … 2束（100g） **または→ 冷凍うどん2玉**

ウインナソーセージ … 4本 **または→ ベーコン4枚（幅1cm）
ツナ缶1缶（缶汁をきる）**

　▶ 斜め薄切りにする

キャベツ … 大2枚（120g） **または→ ほうれん草1/2束（長さ4cm）
レタス大2枚（ひと口大）**

　▶ 小さめのひと口大に切る

A 水 … 700㎖

　 洋風スープの素（顆粒）… 大さじ1/2

　 塩 … ひとつまみ

　 こしょう … 少々

粉チーズ … 適量

+α

*1*に薄切りにした**玉ねぎ**や**ホールコーン缶**を加えてもおいしい！

1 鍋に**A**を入れて混ぜ、強火で煮立ててソーセージとキャベツを加え、中火で2～3分煮る。

2 キャベツがしんなりとしたらそうめんを加え、1分ほど煮る。

3 器に盛り、粉チーズをふる。

　そうめんは下ゆでせずにそのまま煮ます。そうめんに塩分があるので、塩の量は控えめでOK。

水菜のたらこバターあえ麺

こってりおいしいたらこバターを
生の水菜のしゃきしゃきとした食感で
さっぱりさせてメリハリを出します。
そうめんにもよく合います。

[材料と下準備] 2人分

冷凍うどん … 2玉　**または**▶ そうめん3束

たらこ … 1腹（60g）　**または**▶ 辛子明太子1腹

　▶中身をしごき出す

水菜 … 1/3束（60g）

　▶長さ4cmに切る

A バター … 15g

　塩 … 少々

刻みのり … 適量

1 鍋にたっぷりの湯を沸かし、うどんをパッケージの表示どおりにゆで、ざるに上げて水けをきる。

2 ボウルにうどん、たらこ、**A**を入れてざっくりと混ぜ、水菜を加えてさっと混ぜる。

3 器に盛り、刻みのりをのせる。

+α

水菜といっしょに小口切りにした**細ねぎ**や**長ねぎ**、**貝割れ大根**を加えてもおいしい！

ツナとわかめの
しょうがあえそば

しょうがで食欲増進！ツナとごま油でこくもあります。

[材料と下準備] 2人分

冷凍そば … 2玉　**または**▶ 冷凍うどん2玉
　　　　　　　　　　　　そうめん3束

ツナ缶（油漬け）… 1缶（70g）　**または**▶ さば缶（水煮）1/2缶

　　▶缶汁をきる

乾燥カットわかめ … 3g

　　▶水に5分ほどつけて戻し、水けを絞る

A ごま油 … 大さじ2

　│ 塩 … 小さじ3/4

　│ しょうが（すりおろし）… 1/2かけ分

いりごま（白）… 適量

1 鍋にたっぷりの湯を沸かし、そばを
パッケージの表示どおりにゆでる。ざ
るに上げて冷水で洗い、水けをきる。

2 ボウルに**A**を入れて混ぜ、そば、ツナ、
わかめを加えて混ぜる。

3 器に盛り、いりごまをふる。

+α

2に白髪ねぎや貝割れ大根、納豆
（たれも）を加えてもおいしい！

意外？ パスタのペペロンチーノはそばにしてもおいしい！

じゃこと小松菜の そばペペロンチーノ

塩

[材料と下準備] 2人分

冷凍そば … 2玉　**または**▶ 冷凍うどん2玉 そうめん3束

ちりめんじゃこ … 15g　**または**▶ ウインナソーセージ2本 （斜め薄切り）

小松菜 … 1/2束（100g）　**または**▶ ほうれん草 1/2束

　▶ 長さ3cmに切る

にんにく … 2かけ

　▶ みじん切りにする

赤唐辛子 … 1本

　▶ 種を取り、小口切りにする

オリーブオイル … 大さじ2

塩 … 小さじ2/3

+α

仕上げに**目玉焼き**を のせてもおいしい！

1 鍋にたっぷりの湯を沸かし、そばを パッケージの表示どおりにゆで、途中 でゆで汁70mlを取り分ける。ざるに 上げて冷水で洗い、水けをきる。

2 フライパンにオリーブオイル、にんに く、赤唐辛子を入れて弱火で熱し、香 りが立ったら、ちりめんじゃこと小松 菜を加え、中火で炒める。

3 小松菜がしんなりとしたらそば、そば のゆで汁、塩を加え、さっとからめる。

かにかまの塩レモンつけ麺

さっぱりおいしい塩レモンつゆは、さまざまな麺や具で応用できます。

[材料と下準備] 2人分

中華生麺（太麺）… 2玉　**または▶** そうめん3束

かに風味かまぼこ … 100g　**または▶** ツナ缶1缶（缶汁をきる）
　　　　　　　　　　　　　　　　 さば缶（水煮）1/2缶（缶汁をきる）
　▶粗くほぐす

貝割れ大根 … 1/3パック　**または▶** 玉ねぎ1/4個（薄切り）
　▶根元を切り落とす

A 水 … 300㎖
　鶏がらスープの素（顆粒）… 小さじ1
　レモン果汁 … 大さじ1
　塩 … 小さじ2/3
　砂糖 … 小さじ1/2
　▶混ぜ合わせる

1 鍋にたっぷりの湯を沸かし、中華麺を
　　パッケージの表示どおりにゆでる。ざ
　　るに上げて冷水で洗い、水けをきる。

2 器に中華麺を盛り、かに風味かまぼこ
　　と貝割れ大根をのせる。別の器に**A**
　　を入れ、中華麺に添える。

仕上げにせん切りにした**きゅうり**や
大根をトッピングしてもおいしい！

塩

砂糖

かまぼこと青菜の
ゆず塩うどん

安定感ある落ち着いた味。ゆずがおいしい季節に食べたいうどんです。

塩

みりん

しょうゆ

[材料と下準備] 2人分

冷凍うどん … 2玉　**または▶ そうめん2束**

かまぼこ … 4cm　**または▶ ちくわ1本**（斜め薄切り）

　▶厚さ1cmに切る

小松菜 … 1/2束（100g）　**または▶ ほうれん草1/2束**

A だし汁 … 700ml

　みりん … 大さじ2

　塩 … 小さじ1と1/4

　しょうゆ … 小さじ1/2

ゆずの皮（せん切り）… 適量

+α

仕上げに**七味唐辛子**をふってもおいしい！

1 鍋にたっぷりの湯を沸かして小松菜をさっとゆで、冷水に取って冷まし、水けを絞って長さ4cmに切る。さらにうどんをパッケージの表示どおりにゆで、ざるに上げて水けをきる。

2 別の鍋に**A**を入れて混ぜ、強火で煮立てる。

3 器にうどんを盛り、**2**をかけ、かまぼこ、小松菜、ゆずの皮をのせる。

ガスパチョ風つけ麺

材料を混ぜるだけなので、意外と簡単に作れます。

華やかな見た目と裏腹に、

スペイン料理のガスパチョをつけつゆにしました。

おろし玉ねぎときゅうりでさっぱり仕上げた、

[材料と下準備] 2人分

中華生麺 (太麺) … 2玉　**または** ▶ そうめん3束

きゅうり … 1/2本　**または** ▶ ズッキーニ1/4本

　▶ 5mm角に切る

A トマトジュース (食塩無添加) … 400ml

　オリーブオイル … 大さじ2

　レモン果汁 … 大さじ1

　塩 … 小さじ1と1/4

　玉ねぎ (すりおろし) … 小さじ1

　▶ 混ぜ合わせる

1 鍋にたっぷりの湯を沸かし、中華麺を
パッケージの表示どおりにゆでる。ざる
に上げて冷水で洗い、水けをきる。

2 器に中華麺を盛る。別の器に**A**を入れ、
きゅうりをのせて、中華麺に添える。

+α

Aに**チリペッパーソース**
を加えてもおいしい！

コングクス風冷やし麺

韓国の麺料理を作りやすくアレンジ！ キムチがきいています。

[**材料と下準備**] 2人分

中華生麺（太麺）… 2玉　**または** ▶ そうめん3束

ゆで卵 … 1個　**または** ▶ 温泉卵2個

　▶横半分に切る

白菜キムチ（カットタイプ）… 100g

きゅうり … 1/2本　**または** ▶ 貝割れ大根1パック（根元を切り落とす）
　　　　　　　　　　　　　ズッキーニ1/4本（長さ5cmの細切り）

　▶長さ5cmの細切りにする

A 豆乳 … 400㎖
　塩 … 小さじ1

　▶混ぜ合わせる

いりごま（白）… 適量

1 鍋にたっぷりの湯を沸かし、中華麺を
パッケージの表示どおりにゆでる。ざ
るに上げて冷水で洗い、水けをきる。

2 器に中華麺を盛り、**A**をかける。キム
チ、きゅうり、ゆで卵をのせ、いりごま
をふる。

+α

仕上げに**ラー油**を
かけてもおいしい！

半熟のゆで卵は、鍋に室温に戻した卵とかぶるくらいの水を入れて熱し、沸騰してから弱めの中火で7分ほどゆでます。　**74**

豆腐と高菜漬けの塩ごま焼きそば

高菜漬けの力で味つけは完璧！ 豆腐を主材料にしたヘルシーな焼きそば。

塩

[材料と下準備] 2人分

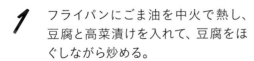

焼きそば麺 … 2玉　　**または** 冷凍うどん2玉（ゆでる）

▶パッケージの表示どおりに電子レンジで温めてほぐす

木綿豆腐 … 小1丁（200g）　　**または** 絹ごし豆腐小1丁（よく水きりをする）

▶大きめにちぎり、ペーパータオルで包んで水けを絞る

高菜漬け（刻んであるもの）… 100g

いりごま（白）… 大さじ1と1/2

ごま油 … 大さじ1

塩 … 小さじ1/3

1 フライパンにごま油を中火で熱し、豆腐と高菜漬けを入れて、豆腐をほぐしながら炒める。

2 豆腐に焼き色がつき、ぽろぽろになったら、焼きそば麺、いりごま、塩を加え、さっと炒め合わせる。

+α

*2*に裂いた**ストック蒸し鶏（P10）**を加えたり、**豆板醤**を加えてピリ辛にしてもおいしい！

エスニック麺も食べたい！

台湾風混ぜそば

台湾の人気料理を手軽に再現！
よく混ぜて召しあがれ。

[材料と下準備] 2人分

中華生麺（細麺）… 2玉　**または** ▶ 冷凍うどん2玉

豚ひき肉 … 200g　**または** ▶ 牛ひき肉200g

にら … 1/2束
　▶根元に近い太い部分を切り落として幅5mmに切る

卵黄 … 2個分　**または** ▶ 温泉卵2個

A 酒 … 大さじ2
　│ オイスターソース … 大さじ1
　│ しょうゆ … 大さじ1/2
　│ にんにく（すりおろし）… 少々
　▶混ぜ合わせる

サラダ油 … 大さじ1/2

削り節、刻みのり … 各適量

1 鍋にたっぷりの湯を沸かし、中華麺を
パッケージの表示どおりにゆで、ざるに
上げて水けをきる。

2 フライパンにサラダ油を中火で熱し、ひ
き肉をほぐしながら炒める。色が変わっ
たら**A**を加え、全体になじむまで炒め
合わせる。

3 器に中華麺を盛り、*2*、にら、削り節、刻み
のり、卵黄をのせ、混ぜながらいただく。

+α 仕上げに小口切りにした**長ねぎ**やすりおろした**しょうが**、**いりごま（白）**をのせたり、**レモン果汁**をかけてもおいしい！

にらは生で食べるので、根元に近い太い部分は切り落とします。　**76**

オイスターつけつゆうどん

つけつゆが新鮮。
どっしりとしたこくのある

オイスターソース

炒め物によく使われる、中国独特の調味料です。麺との相性がよく、うまみや風味はもちろん、奥行きが出て味がきまりやすくなります。

[材料と下準備] 2人分

冷凍うどん … 2玉 　または　冷凍そば2玉／そうめん3束

鶏もも肉 … 大1/2枚 (150g) 　または　豚バラ薄切り肉150g (長さ3cm)

　▶ 小さめのひと口大に切る

しいたけ … 3枚 　または　好みのきのこ50g (ひと口大)
　　　　　　　　　　　　もやし1/4袋

　▶ 軸を取って薄切りにする

A 水 … 300㎖

　鶏がらスープの素 (顆粒) … 小さじ1

　オイスターソース … 大さじ2

　しょうゆ … 小さじ1

　砂糖 … 小さじ1/2

一味唐辛子 … 適量

1 鍋にAを入れて混ぜ、強火で煮立てて鶏肉としいたけを加え、弱めの中火で3分ほど煮る。

2 別の鍋にたっぷりの湯を沸かし、うどんをパッケージの表示どおりにゆでる。ざるに上げて冷水で洗い、水けをきる。

3 器にうどんを盛る。別の器に**1**を盛って一味唐辛子をふり、うどんに添える。

 1に斜め薄切りの**長ねぎ**や薄切りにした**玉ねぎ**を加えたり、**A**に豆板醤を加えてピリ辛にしてもおいしい!

えびときゅうりの上海風焼きそば

火を通したきゅうりにオイスターソースは抜群の相性！

[材料と下準備] 2人分

焼きそば麺 … 2玉

むきえび … 150g **または** ▶ 豚／鶏ひき肉150g

　▶あれば背わたを取る

きゅうり … 2本 **または** ▶ 豆苗1パック（半分に切る）

　▶4つ割りにしてから長さを4等分に切る

A オイスターソース … 大さじ1と1/2

　 しょうゆ … 大さじ1

　 酒 … 大さじ1

　▶混ぜ合わせる

水 … 大さじ4

粗びき黒こしょう … 少々

レモン（くし形切り）… 適量

1 フライパンに焼きそば麺を並べ、きゅうり、えびの順に広げてのせる。水、**A**の順に回し入れてふたをし、強火にかけて4分ほど蒸し焼きにする。

2 ふたを取り、えびの色がすべて変わるまで1分ほど炒め合わせる。

3 器に盛り、粗びき黒こしょうをふる。レモンを添え、搾っていただく。

+α **A**にすりおろした**にんにくやしょうが**を加えてもおいしい！

もやしとにらの
ジンジャーオイスター焼きそば

奥深い味つけの中で、
桜えびの風味がアクセントに。

[材料と下準備] 2人分

焼きそば麺 … 2玉

もやし … 1袋 (200g) ｜ または → 玉ねぎ1/2個 (薄切り)
｜ 長ねぎ1本 (斜め薄切り)

にら … 1/4束 ｜ または → 細ねぎ5本

　▶長さ5cmに切る

桜えび … 大さじ3

A オイスターソース … 大さじ2

　酒 … 大さじ1

　しょうゆ … 大さじ1/2

　しょうが (すりおろし) … 1/2かけ分

　▶混ぜ合わせる

水 … 大さじ4

1 フライパンに焼きそば麺を並べ、もやし、にら、桜えびの順に広げてのせる。水、**A**の順に回し入れてふたをし、強火にかけて4分ほど蒸し焼きにする。

2 ふたを取り、全体がなじむまで1分ほど炒め合わせる。

 仕上げに**粗びき黒こしょう**をふると味が引き締まる!

[材料と下準備] 2人分

冷凍うどん … 2玉　**または▶** そうめん3束

豚こま切れ肉 … 150g

▶みそ・みりん各大さじ2をもみ込む

なす … 2本

▶縦半分に切ってから幅1cmの斜め切りにする

または▶ ゆでたけのこ150g（薄切り）
ホールコーン缶1缶（缶汁をきる）

サラダ油 … 大さじ2

水 … 大さじ2

青じそ、いりごま（白） … 各適量

1 鍋にたっぷりの湯を沸かし、うどんをパッケージの表示どおりにゆで、ざるに上げて水けをきる。

2 フライパンになすとサラダ油を入れてからめ、全体に広げて豚肉をのせる。水をふってふたをし、中火にかけて4分ほど蒸し焼きにする。ふたを取り、うどんを加えて炒め合わせる。

3 器に盛り、青じそをちぎりながらのせ、いりごまをふる。

+α

仕上げに**一味唐辛子**をふってもおいしい！

豚こまとなすの
みそ焼きうどん

豚肉、なす、みそは黄金の組み合わせ！
みそは肉の下味にすることで、
重すぎず、軽やかに風味を出すことができます。
たけのこで作ってもよく合いますよ。

豚しゃぶとキャベツのみそつゆつけうどん

ほんのりピリ辛なつけつゆがくせになるおいしさ。飽きずに食べられます。

[材料と下準備] 2人分

冷凍うどん … 2玉　**または** そうめん3束

豚ロース薄切り肉（しゃぶしゃぶ用）… 120g

　　または P10ストック蒸し鶏1/2枚分（薄切り）

キャベツ … 2枚（100g）　**または** レタス3〜4枚　青梗菜小1株

　▶ ひと口大に切る

A 水 … 250㎖

　鶏がらスープの素（顆粒）… 小さじ1

　みそ … 大さじ1と1/2

　すりごま（白）… 大さじ1

　しょうゆ … 小さじ1/2

　豆板醤 … 小さじ1/2

　にんにく（すりおろし）… 少々

1 鍋にたっぷりの湯を沸かし、キャベツ、豚肉の順にそれぞれ弱火でさっとゆで、ざるに取り出して粗熱をとる。さらに強火にし、うどんをパッケージの表示どおりにゆで、ざるに上げて冷水で洗い、水けをきる。

2 別の鍋に A を入れて混ぜ、強火で煮立てる。

3 器にうどんを盛り、キャベツと豚肉をのせる。別の器に 2 を入れ、うどんに添える。

 +α

A に煮干しを加えてもおいしい！

豚バラと長ねぎの みそ煮込みうどん

たっぷりの長ねぎで体の中から温まるうどんです。

みそ

[材料と下準備] 2人分

冷凍うどん … 2玉　**または**▶ そうめん2束（ゆでる）

豚バラ薄切り肉 … 120g　**または**▶ 豚／牛こま切れ肉120g

▶長さ5cmに切る

長ねぎ（青い部分も使用）… 1本　**または**▶ 玉ねぎ1/2個（薄切り）

▶幅5mmの斜め切りにする

A だし汁 … 800㎖

みそ … 大さじ3

一味唐辛子 … 適量

1 鍋に**A**を入れて混ぜ、強火で煮立てて豚肉と長ねぎを加え、中火で1〜2分煮る。豚肉の色が変わったらうどんを加え、3分ほど煮る。

2 器に盛り、一味唐辛子をふる。

+α

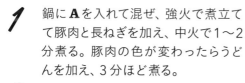

仕上げにいりごま（白）をふってもおいしい！

　このレシピは、うどんは冷凍のまま加えて煮ます。

サラダジャージャー麺

しっかり味のおいしい肉みそに
たっぷりの野菜を添えてヘルシーに。
野菜は包丁なしで下準備完了。
ごく短時間で作ることができます。

[材料と下準備] 2人分

中華生麺 (太麺) … 2玉　**または▶ 冷凍うどん2玉**

豚ひき肉 … 150g

きゅうり … 1本　**または▶ トマト小1個** (くし形切り)
　▶めん棒でたたいてひびを入れ、食べやすい大きさに割る

リーフレタス … 2枚 (40g)　**または▶ レタス1〜2枚**
　▶ひと口大にちぎる

A みそ … 大さじ2

　　水 … 大さじ2

　　しょうゆ … 大さじ1/2

　　砂糖 … 大さじ1/2

　　片栗粉 … ひとつまみ
　▶混ぜ合わせる

ごま油 … 小さじ1

豆板醤 … 小さじ1/2

マヨネーズ … 適量

1 鍋にたっぷりの湯を沸かし、中華麺をパッケージの表示どおりにゆでる。ざるに上げて冷水で洗い、水けをきる。

2 フライパンにごま油と豆板醤を入れて中火で熱し、香りが立ったらひき肉を加えて炒める。ひき肉の色が変わったら**A**を加え、少しとろみがつくまで炒め合わせる。

3 器に中華麺を盛り、*2*、きゅうり、リーフレタスをのせ、マヨネーズを添える。

+α

仕上げに**温泉卵**をトッピングしたり、**A**に**すりごま(白)**を加えてもおいしい!

84

さば缶の冷や汁風ぶっかけうどん

夏らしい野菜と薬味をたっぷりのせて
さっぱりおいしく！
ほのかにみその風味が香るかけつゆが
やさしい味で全体をまとめてくれます。

[**材料と下準備**] 2人分

冷凍うどん … 2玉　**または** 冷凍そば2玉　そうめん3束

さば缶 (水煮) … 1缶 (200g)　**または** ツナ缶2缶

▶缶汁をきり、粗くほぐす

きゅうり … 1本　**または** ズッキーニ1/2本

▶薄い小口切りにし、塩少々をふってさっと混ぜ、5分ほどおいて水けを絞る

みょうが … 2個

▶薄い小口切りにする

青じそ … 5枚

▶せん切りにする

A 冷水 … 100㎖

みそ … 大さじ1と1/2

しょうゆ … 大さじ1/2

砂糖 … 小さじ1

▶混ぜ合わせる

すりごま (白) … 適量

1 鍋にたっぷりの湯を沸かし、うどんをパッケージの表示どおりにゆでる。ざるに上げて冷水で洗い、水けをきる。

2 器にうどんを盛り、さば、きゅうり、みょうが、青じそをのせ、**A**をかけてすりごまをふる。

+α

仕上げにせん切りにした**しょうが**を散らしてもおいしい！

ほうれん草のごまみそそうめんチャンプルー

みそベースのチャンプルーが新鮮なおいしさ!

[材料と下準備] 2人分

そうめん … 3束 (150g) **または** **冷凍うどん2玉**

ちくわ … 3本 (90g) **または** **ツナ缶1缶** (缶汁をきる)

▶縦半分に切ってから幅5mmの斜め切りにする

ほうれん草 … 小1束 (150g) **または** **もやし1/2袋**
小松菜小1束 (長さ5cm)

▶長さ5cmに切る

A みそ … 大さじ1と1/2

みりん … 大さじ1と1/2

しょうゆ … 大さじ1

すりごま (白) … 大さじ1

▶混ぜ合わせる

ごま油 … 小さじ1

サラダ油 … 大さじ1/2

+α

ほうれん草といっしょに薄切り
にした**玉ねぎ**や斜め薄切りに
した**長ねぎ**を加えてもおいしい!

1 鍋にたっぷりの湯を沸かし、そうめ
んをパッケージの表示どおりにゆで
る。ざるに上げて冷水で洗い、水け
をきってごま油をからめる。

2 フライパンにサラダ油を中火で熱し、
ほうれん草を炒める。しんなりとした
ら、ちくわを加えて炒め合わせ、そうめ
んと **A** を加えてさっと炒め合わせる。

もやしみそ焼きそば

手近な材料でパパッと作れる、珍しいみそ味の焼きそばです。

みそ

みりん

しょうゆ

こしょう

塩

[**材料と下準備**] 2人分

焼きそば麺 … 2玉　▶**または** **冷凍うどん2玉**（ゆでる）

　▶パッケージの表示どおりに電子レンジで温めてほぐす

卵 … 2個

もやし … 1袋（200g）　▶**または** **豆苗1パック**（半分に切る）

A みそ … 大さじ2

　みりん … 大さじ2

　しょうゆ … 大さじ1/2

　粗びき黒こしょう … 少々

　▶混ぜ合わせる

サラダ油 … 小さじ1 + 小さじ1

塩、粗びき黒こしょう … 各少々

青のり … 適量

仕上げに**紅しょうが**を
添えてもおいしい！

1 フライパンにサラダ油小さじ1を強めの中火で熱し、卵を割り入れて塩、粗びき黒こしょうをふり、好みの焼き加減になるまで焼いて取り出す。

2 *1*のフライパンにサラダ油小さじ1を足して強火で熱し、もやしを炒める。しんなりとしたら、焼きそば麺と**A**を加えてさっと炒め合わせる。

3 器に盛り、*1*をのせて青のりをふる。

きゅうりそうめん

たっぷりのきゅうりが美しいひと皿！

[材料と下準備] 2人分

そうめん … 3束（150g）**または** 中華生麺（太麺）2玉

きゅうり … 2本 **または** ズッキーニ1本

　▶スライサーでせん切りにする

A 豆乳 … 300mℓ

　みそ … 大さじ2

　塩 … 小さじ1/4

　▶混ぜ合わせる

いりごま（黒）… 適量

1 鍋にたっぷりの湯を沸かし、そうめんをパッケージの表示どおりにゆでる。ざるに上げて冷水で洗い、水けをきる。

2 器にそうめんときゅうりを混ぜて盛り、いりごまをふる。別の器に**A**を入れ、そうめんに添える。

+α

Aに**豆板醤**や**ラー油**を加えてピリ辛にしてもおいしい！

白菜のみそ煮込み にゅうめん

寒い季節に体が温まるにゅうめんです。

[材料と下準備] 2人分

そうめん … 2束（100g）　**または ➤** 冷凍うどん2玉

油揚げ … 2枚　**または ➤** **ちくわ2本**（斜め薄切り）
かまぼこ50g（厚さ1cm）

　▶横半分に切ってから幅2cmに切り、ペーパータオルで油を押さえる

白菜 … 2枚（150g）　**または ➤** **キャベツ3枚**

　▶ひと口大に切る

A だし汁 … 800ml

　みそ … 大さじ1

細ねぎ（小口切り） … 適量

1 鍋に**A**を入れて混ぜ、強火で煮立てて油揚げと白菜を加え、中火で3分ほど煮る。白菜がしんなりとしたらそうめんを加え、1分30秒ほど煮る。

2 器に盛り、細ねぎを散らす。

+α

仕上げに**一味唐辛子**をふってもおいしい！

　そうめんは下ゆでせずにそのまま煮ます。そうめんに塩分があるので、みその量は控えめでOK。

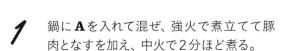

エスニック麺も食べたい！

豚こまとなすの
カレーそうめん

めんつゆに飽きたらぜひ！
カレー味がくせになるおいしさです。

[材料と下準備] 2人分

そうめん … 3束（150g）　**または▶** 冷凍うどん2玉

豚こま切れ肉 … 100g　**または▶** 豚バラ薄切り肉100g（長さ5cm）
牛こま切れ肉100g

なす … 1本　**または▶** 長ねぎ1本（斜め薄切り）／好みのきのこ100g（ひと口大）

▶幅1cmの斜め切りにしてから1cm角の棒状に切る

A だし汁 … 300mℓ
しょうゆ … 大さじ2
みりん … 大さじ2
カレー粉 … 小さじ2

1 鍋に**A**を入れて混ぜ、強火で煮立てて豚肉となすを加え、中火で2分ほど煮る。

2 別の鍋にたっぷりの湯を沸かし、そうめんをパッケージの表示どおりにゆでる。ざるに上げて冷水で洗い、水けをきる。

3 器にそうめんを盛る。別の器に*1*を盛り、そうめんに添える。

+α *1*にささがきにした**ごぼう**やせん切りにした**しょうが**を加えてもおいしい！

牛肉ときのこの そうめんチャンプルー

そうめんチャンプルーをカレー味にアレンジ。食べごたえ満点です。

カレー粉

ブレンドされているスパイスによって味が変わるので、好みのものを選んでください。子ども向けに作る場合は量を減らしても構いません。

[材料と下準備] 2人分

そうめん … 3束（150g）**または ▶ 冷凍うどん2玉**

牛こま切れ肉 … 150g **または ▶ 豚バラ薄切り肉150g**（長さ5㎝）
　▶塩・こしょう各少々をふる

まいたけ … 1パック（100g）**または ▶ 好みのきのこ100g**（ひと口大）
　▶食べやすい大きさに分ける

玉ねぎ … 1/4個 **または ▶ 長ねぎ1/2本**（斜め薄切り）
　▶薄切りにする

A しょうゆ … 大さじ2
　│ 酒 … 大さじ2
　│ カレー粉 … 小さじ1
　▶混ぜ合わせる

ごま油 … 大さじ1/2

サラダ油 … 小さじ1

1 鍋にたっぷりの湯を沸かし、そうめんをパッケージの表示どおりにゆでる。ざるに上げて冷水で洗い、水けをきってごま油をからめる。

2 フライパンにサラダ油を中火で熱し、牛肉を炒める。色が変わったら、まいたけと玉ねぎを加えて炒め合わせる。

3 玉ねぎがしんなりとしたらそうめんと **A** を加え、さっと炒め合わせる。

+α　Aにすりおろした**しょうが**や**にんにく**を加えてもおいしい！

トマトドライカレー焼きそば

子どもも大人もきっと大好きな味。
炒めたトマトがまたおいしい！

[材料と下準備] 2人分

焼きそば麺 … 2玉

▶パッケージの表示どおりに電子レンジで温めてほぐす

合いびき肉 … 200g　**または**　牛ひき肉200g
　　　　　　　　　　　　　　　　牛こま切れ肉200g

トマト … 小2個（250g）

▶8つ割りにする

にんにく … 1/2かけ

▶みじん切りにする

A 水 … 70㎖

　トマトケチャップ … 大さじ2

　ウスターソース … 大さじ1

　塩 … 小さじ1/4

▶混ぜ合わせる

サラダ油 … 大さじ1/2

カレー粉 … 大さじ1

1 フライパンにサラダ油とにんにくを入れて中火で熱し、香りが立ったらひき肉を加えて炒める。ひき肉の色が変わったら、カレー粉を加えて粉っぽさがなくなるまで炒め、トマトと**A**を加えて炒め合わせる。

2 全体がなじみ、少しとろみがついたら焼きそば麺を加え、さっと炒め合わせる。

 にんにくといっしょにみじん切りにした**しょうが**を加えたり、**温泉卵**をトッピングしてもおいしい！

ちくわと長ねぎのカレーうどん

どこか懐かしいカレーうどんです。仕上げに水溶き片栗粉でとろみをつけても。

[**材料と下準備**] 2人分

冷凍うどん … 2玉　**または** ▶ そうめん2束

ちくわ … 3本 (90g)　**または** ▶ 豚バラ薄切り肉100g (長さ5cm)
　　　　　　　　　　　　　　豚こま切れ肉100g

　▶幅1cmの斜め切りにする

長ねぎ (青い部分も使用) … 1本

　▶幅1cmの斜め切りにする

A だし汁 … 700㎖

　│ みりん … 大さじ3

　│ しょうゆ … 大さじ2と1/2

　│ カレー粉 … 小さじ2

　│ 塩 … 小さじ1/3

1 鍋にたっぷりの湯を沸かし、うどんをパッケージの表示どおりにゆで、ざるに上げて水けをきる。

2 別の鍋に**A**を入れて混ぜ、強火で煮立ててちくわと長ねぎを加え、中火で2分ほど煮る。うどんを加え、ひと煮する。

+α ちくわ、長ねぎといっしょにほぐした**しめじ**や**まいたけ**、**もやし**を加えてもおいしい!

市瀬悦子

料理研究家。食品メーカーに勤務後、料理研究家のアシスタントを経て独立。「おいしくて作りやすい家庭料理」をモットーに、書籍、雑誌、テレビなどで活躍中。著書に『基本調味料で作る鍋』『目で見てわかる! 材料入れて煮るだけ』レシピ『すぐやせおかず糖質オフ200』(すべて主婦と生活社) など多数。

http://www.e-ichise.com

撮影　佐々木美果

スタイリング　駒井京子

デザイン　高橋朱里、菅谷真理子(マルサンカク)

文　佐藤友恵

校閲　安藤尚子、河野久美子

編集　小田真一

撮影協力　UTUWA

読者アンケートにご協力ください

この度はお買い上げいただきありがとうございました。『基本調味料で作る5分麺』はいかがだったでしょうか? よろしければ右下のQRコードからアンケートにお答えください。今後のより良い本作りに活用させていただきます。所要時間は5分ほどです。

＊このアンケートは編集作業の参考にするもので、ほかの目的では使用しません。詳しくは当社のプライバシーポリシー(https://www.shufu.co.jp/privacy)をご覧ください。

基本調味料で作る5分麺

著　者　市瀬悦子

編集人　束田卓郎

発行人　倉次辰男

発行所　株式会社主婦と生活社

　　　〒104-8357 東京都中央区京橋3-5-7

編集部　☎03-3563-5129

販売部　☎03-3563-5121

生産部　☎03-3563-5125

https://www.shufu.co.jp

製版所　東京カラーフォト・プロセス株式会社

印刷所　共同印刷株式会社

製本所　共同製本株式会社

ISBN978-4-391-15590-7